Las fuerzas y el sonido

por Carol Levine

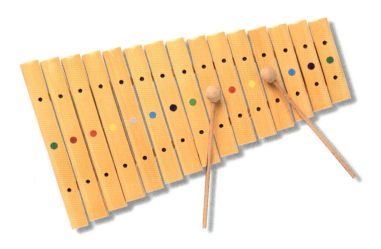

PEARSON
Scott
Foresman

DK

Movimiento

Mira la pelota. El niño la tiró en el aire. ¿Entró en el aro?

La **fuerza** es un empujón o jalón que puede hacer que algo se mueva. El niño usa fuerza al tirar la pelota.

¿Qué pasa cuado la pelota cae? Baja.

La **gravedad** es una fuerza que jala las cosas hacia el piso. La gravedad hace que la pelota caiga y baje.

Usar fuerza

   Tira la pelota con fuerza. ¿Hasta dónde llegará? Ahora tírala con menos fuerza. ¿Hasta dónde llegará?

   Si empujas mucho, usas más fuerza. Si empujas poco, usas menos fuerza. La fuerza que usas puede cambiar la manera en que se mueven las cosas.

Rapidez

La **rapidez** es qué tan ligero o qué tan despacio se mueve algo. Usa más fuerza. Las cosas se mueven con mayor rapidez. Usa menos fuerza. Las cosas se mueven con menor rapidez.

Maneras de moverse

Mira cómo se mueve la patinadora. Va de un lugar a otro sobre el hielo.

La patinadora puede saltar hacia arriba. Se puede doblar hacia abajo. Puede ir hacia la izquierda o hacia la derecha. Puede patinar en línea recta.

También puede patinar en círculo haciendo curvas. Puede patinar en zigzag. Puede caerse. La gravedad es lo que la jala hacia abajo.

Diferentes lugares

Mira la torre de bloques. ¿Puedes decir dónde está cada bloque?

El bloque amarillo está sobre el bloque rojo. El bloque azul está debajo del bloque verde. El bloque amarillo está entre el bloque azul y el amarillo.

El bloque amarillo está junto al bloque
rojo. El bloque amarillo está en el piso.
¿Qué pasaría si se caen los bloques que están
en la cubeta?

Imanes

Estos imanes no se caen. Un **imán** atrae ciertos tipos de metal. **Atraer** significa jalar hacia sí.

Los imanes no siempre se atraen. Pueden repelerse. **Repeler** significa empujar para apartar. Los imanes pueden tener dos extremos o polos. Los polos opuestos se atraen. Los polos iguales se repelen.

Este juego funciona con un imán.
El imán atrae los clips de metal.

Los imanes atraen con más fuerza
cuando están cerca de objetos de metal.
Si están lejos del metal, los imanes atraen
con menos fuerza.

Hacer sonidos

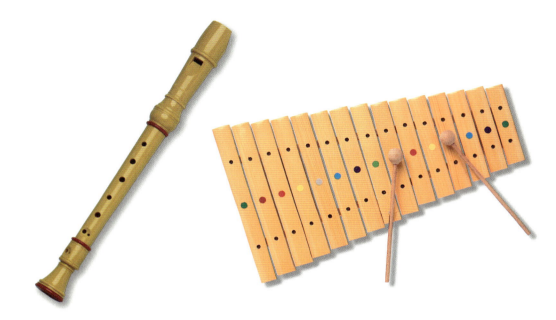

Mira estos instrumentos. ¿Cómo producen sonidos?

Un sonido se produce cuando algo vibra. **Vibrar** significa moverse muy rápido hacia adelante y hacia atrás. La fuerza cambia el sonido. Un golpe duro hace un sonido diferente al que hace un golpe suave.

Buscar sonidos

Hay sonidos en todas partes. Búscalos. En una juguetería puedes oír timbres y campanitas sonar. Puedes oír a alguien tocando un tambor. Tal vez oigas el claxon de un carrito. Hasta puedes oír a un adulto que dice que ya es hora de irse.

En la naturaleza hay muchos sonidos. En una playa puedes oír el canto de los pájaros. Tal vez oigas las olas chocar con las rocas. Quizás oigas el viento soplar.

Las cosas se mueven y ese movimiento puede producir sonidos. El movimiento a veces lleva las cosas a otros lugares. El movimiento y el sonido están en todas partes.

Glosario

atraer   jalar hacia uno mismo

fuerza   un empujón o jalón que puede hacer que algo se mueva

gravedad   una fuerza que jala las cosas hacia abajo

imán   un objeto que atrae cosas hechas de ciertos metales

polo   cada uno de los extremos de un imán

rapidez   qué tan ligero o qué tan despacio se mueve algo

repeler   empujar para apartar y alejar

vibrar   moverse muy rápido hacia adelante y hacia atrás